DE

L'ESPAGNE

AU MOIS DE MARS 1836,

PAR UN MEMBRE DU CORPS D.

Prix : 1 franc.

PARIS,

CHEZ DELAUNAY, AU PALAIS-ROYAL.

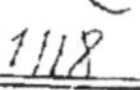

PARIS. — IMPRIMERIE DE BOURGOGNE et MARTINET, rue du Colombier, 30.

Une étude approfondie des faits de la révolution espagnole et de la triste guerre qui ensanglante les provinces du Nord, la conviction intime que la France tient dans ses mains les destinées de l'Espagne, m'ont décidé à prendre la plume.

Je dis aux nouveaux ministres :

Que les révolutions démocratiques sont sœurs et qu'elles se doivent un mutuel appui ;

Que l'Espagne a droit à notre sympathie, à une sympathie efficace, parce qu'elle est notre véritable alliée;

Que l'Espagne, épuisée par de longues luttes intestines, est livrée à des partis impuissans.

1

Je dis à l'opinion : qu'elle s'égare en jugeant les affaires d'Espagne de faux points de vue.

Ce n'est point ce qui se passerait en Angleterre, en France, qui peut se passer en Espagne comme suites d'événemens analogues.

Les précédens, il faut les chercher en Espagne même, à l'époque la plus rapprochée, en 1820.

L'analogie probable est d'autant plus évidente que les mêmes hommes en grande partie sont à la tête du mouvement.

Qu'ont fait les hommes de 1820? Ils ont forcément amené l'intervention de 1823, par leur impuissance à diriger le mouvement qu'ils avaient imprimé, et à réprimer l'anarchie.

Une intervention prompte se ferait nécessairement au profit du régime constitutionnel, libéral.

Une intervention tardive et qui n'est pas moins inévitable, pourrait avoir un tout autre résultat, bien que le but avoué fût le même.

C'est aux ministres ou plutôt à l'opinion à décider.

Paris, le 15 mars 1836.

DE

L'ESPAGNE,

AU MOIS DE MARS 1836.

Par un Membre du Corps D.

Rien de plus mobile que la physionomie d'un homme animé d'une forte passion; rien de plus changeant que l'aspect des affaires d'un peuple en révolution.

Estimer de même poids des évènemens, des hommes, des choses semblables en apparence, dans des phases diverses, c'est s'exposer à d'étranges mécomptes.

Il ne saurait y avoir de *parti pris* en politique aux yeux de la raison, car les circonstances peuvent faire que le but principal qu'on se propose exige, pour l'atteindre, une marche précisément opposée à celle qu'on avait prise d'abord.

Ces courtes réflexions suffisent pour expliquer :

La diversité des rapports et de l'opinion sur les affaires d'Espagne, de la part même de bons observateurs ;

Comment, au nom de l'intérêt public, des gens éclairés et de très bonne foi ont pu conseiller ou rejeter l'intervention ; comment le même individu peut, sans inconséquence, avoir alternativement embrassé les deux avis et changer encore.

Les intérêts français, mis en jeu par la question espagnole, peuvent se résoudre en ces termes :

L'intérêt dynastique, favorable à don Carlos ;

L'intérêt du gouvernement, tranquillité de l'Espagne au plus bas prix possible ;

L'intérêt de la France, similitude d'institutions dans les deux pays ;

L'intérêt des partis, tout de propagande.

Les trois premiers pouvaient espérer une solution favorable, au commencement de la lutte, du triomphe d'Isabelle ou de celui de don Carlos. C'était une erreur, car la jeune reine aurait bien vite trouvé d'autres ennemis, et don Carlos, entrant vainqueur à Madrid, n'en fût pas resté deux ans le maître. Mais cette opinion pouvait paraître fondée. On pouvait croire que la France n'aurait pas besoin d'intervenir. Le gouvernement de la reine était loin d'avoir épuisé ses ressources ; le prétendant pouvait trouver dans beaucoup de provinces la sympathie qui lui avaient valu ses succès en Navarre.

Ceux qui voyaient de plus près les choses, et qui connaissaient mieux l'état des esprits en Espagne, désiraient alors l'intervention. Le ministre Llauder tomba pour avoir fait entendre qu'elle était possible, et, malgré la faveur que lui conservait la reine, il n'échappa un peu plus tard que par la fuite au poignard des anarchistes, sous lequel périt son second *Bassa*. M. *Martinez de la Rosa*, qui avait proclamé ce qu'il croyait à peu près seul, que l'intervention ne serait jamais nécessaire, et qui n'en perdait pas moins sa popularité, tomba bientôt devant l'impossibilité de se passer d'intervention. M. *de Toreno* tomba pour avoir compté sur elle, sans pouvoir l'obtenir. En fait elle eût été peu coûteuse et peu longue. Par malheur elle fut présentée au gouvernement français comme impossible, pour ainsi dire, puisque l'on indiquait comme indispensable une force triple ou quadruple de celle qui eût été nécessaire, et que l'on parlait de la nécessité d'une longue occupation.

L'opinion fut cependant, à très peu près, unanime pour le rejet de l'intervention. Or, comme il est de principe général en politique, ainsi qu'à la guerre, de faire le contraire de ce que veut l'ennemi, il y avait erreur flagrante ; car la dynastie, le gouvernement, la France, les légitimistes et les républicains ne pouvaient trouver leur intérêt à la fois dans la même mesure.

Nous avons vu comment les premiers intérêts avaient été trompés. Celui des légitimistes était évident, d'une telle évidence qu'il n'a pas besoin d'être énoncé ; c'était une chance (1). Les républicains sincères et les anarchistes, qui marchent à leurs côtés, savaient bien que l'intervention tuerait leur dernière espérance. Ils savaient que les carlistes n'étaient pas à craindre pour leur opinion, en définitive, et que le triomphe de la reine, par ses seules forces, la livrerait entre les mains de leurs amis.

Il ne fut bientôt plus temps, car lorsque l'explosion de l'esprit révolutionnaire arriva, il n'aurait plus été question d'occuper la Navarre et les provinces basques, de poursuivre don Carlos avec

(1) Les légitimistes viennent d'estimer eux-mêmes cette chance en souscrivant un emprunt pour D. Carlos à 5 p. 0/0, plus 30, s'il arrive à Madrid ; ainsi, d'après leur propre opinion, il y a vingt à parier contre un que D. Carlos ne régnera pas, et, fût-il sur le trône, il aurait trois chances contre une de le perdre. — C'est cependant encore un calcul exagéré en faveur du prétendant ; mais les spéculateurs comptent pouvoir vendre dans une de ces alternatives, inévitables dans une guerre de cette espèce.

quelques milliers d'hommes; il aurait fallu couvrir l'Espagne de troupes, et peut-être se battre à la fois contre les carlistes et les révolutionnaires. Mais, par un retour de fortune tout-à-fait inespéré, M. Mendizabal apaisa la tempête qui devait engloutir le trône de la jeune Isabelle. Cet évènement et ses suites, jusqu'à ce jour, ont établi deux faits de la plus grande importance et qui ne peuvent passer inaperçus, savoir :

L'impuissance gouvernementale du parti démocratique; l'impuissance absolue du succès pour don Carlos.

Nos républicains de bonne foi furent détrompés de leurs espérances, dès qu'ils virent la conduite des juntes. Ils reconnurent qu'elles étaient composées de modérateurs du mouvement, et non point de ses chefs. Les juntes, en dépit de leur origine insurrectionnelle, conservèrent tous les ménagemens, toutes les formes de l'obéissance ; elles cherchèrent à concilier les vœux du peuple et les intérêts de l'autorité; elles se trouvèrent sans appui, sans force ni d'un côté, ni de l'autre. Elles sentaient si bien leur faiblesse qu'elles se soumirent au premier prétexte, plutôt qu'à la première occasion; elles s'empressèrent de résigner leur pouvoir, non pas à l'habile financier, mais à celui que ses antécédens pouvaient faire regarder comme le représentant de la révolution; mais les évènemens de Barcelonne donnèrent bientôt la preuve que la nuance politique de cet homme était de bien loin dépassée.

Presque en prenant le commandement de la Catalogne, Mina fait une proclamation sauvage, où la peine de mort est le refrein obligé de chaque paragraphe ; par laquelle il établit en état de siége rigoureux toute une vaste et riche province ; par laquelle il s'institue dictateur dans toute l'étendue du terme, disposant à son gré de la liberté, des biens, de la vie de tous les Catalans. Un journal qui est à la tête des opinions démocratiques en France, relève le premier, avec indignation, l'impolitique barbare de cette proclamation. Toutes les opinions la blâment. Mina est-il renvoyé ou seulement la proclamation rapportée ? Non : le ministère, ou plutôt le ministre espagnol, n'ose en parler ; sa gazette officielle est muette.

Les troupes de la reine assiégeaient avec une obstination dont aucun militaire ne pouvait deviner le but, et dont on connaît aujourd'hui le motif secret, une misérable bicoque au milieu des montagnes de la Catalogne (1). Le capitaine-général Mina avait quitté la capitale de la province pour

1) En 1823, le bourg de *san Llorens de Moruny* aliàs *del Pitcus* s'était attiré la haine du général Mina par le refus de payer une contribution arbitraire trop onéreuse. Une proclamation, mise im-

diriger en personne les opérations. Il annonce dans ses rapports comme *un bruit*, comme un *on dit*, que les carlistes assiégés vont fusiller *cinquante-quatre* prisonniers christinos. Il *craint* pour les prisonniers. Non seulement les craintes, feintes ou réelles, étaient vaines, mais on a trouvé plus tard dans le fort, non pas *cinquante-quatre*, mais *cent un* prisonniers christinos ! Ce qui n'a pas empêché de fusiller *tous* les carlistes de la garnison qui s'étaient rendus, au nombre de 220 ou 230, pour les empêcher sans doute de contredire les détails du siége.

médiatement à exécution par le général *Rotten*, renfermait beaucoup de dispositions dont voici les principales :

« Il faut que l'on dise à l'avenir : C'est ici que fut *san Llorens del Piteus*.....

» Les rues sont assignées aux divers corps pour le pillage, ainsi qu'il suit.....

» Chaque corps se renfermera pour piller dans les limites qui lui sont assignées.....

» Lorsque le pillage sera achevé, les troupes rassembleront du combustible dans toutes les maisons et y mettront le feu ensemble.

» Tous les habitans de 16 à 60 ans seront fusillés..... Les femmes et les habitans au-dessous de 16 ans et au-dessus de 60 ne pourront résider dans l'arrondissement Solsona, ni dans l'arrondissement de Berga, etc., etc.....! ! »

Les habitans échappés au massacre étaient revenus, avaient rebâti leur village. Depuis l'insurrection carliste, ils avaient travaillé aux fortifications de l'ermitage *del Hort*, qui en est voisin ; ils faisaient partie de la garnison ; ils ont hérité de la haine dont leurs pères avaient ressenti les terribles effets.

Quoi qu'il en soit, sur la nouvelle des *craintes* du général Mina, une émeute se forme à Barcelonne, et 200 prisonniers sont lâchement égorgés dans les prisons et dans les hôpitaux. Le même journal français déjà cité est le premier à flétrir cet abominable massacre; un cri universel de réprobation se fait entendre en Europe; que font les *hommes de la révolution* d'Espagne, dépositaires du pouvoir?

M. Mendizabal, trop faible pour punir, dénature les faits; il déplore l'égarement de quelques pervers, récompense le prétendu dévouement de ceux qu'il appelle les bons citoyens et qui pourtant avaient laissé commettre le crime, qui s'étaient présentés lorsqu'il n'y avait plus rien à faire. Mina fait une proclamation sur *los desagradables sucessos*, le mot est digne d'être conservé. Ses menaces sont pour l'avenir; quelques individus sont envoyés à Valence, mais nulle trace de ce mépris de la vie des hommes, si commun en Espagne, et dont il a donné lui-même tant de preuves. Cependant ses mesures, d'une douceur inaccoutumée, suffisent pour lui faire perdre sa popularité, sans qu'il puisse se laver du reproche d'avoir excité lui-même l'émeute, dont il ne prévoyait sans doute point les horribles résultats.

Peut-on croire à la force d'un parti politique dont les chefs montrent tant d'impuissance?

Quant au parti de don Carlos, on sait qu'à l'époque de la mort de Zumalacarréguy, l'armée de la Reine avait été démoralisée, détruite, pour ainsi dire ; l'armée carliste était partout victorieuse ; les excès révolutionnaires excitaient l'indignation , l'effroi de tous les gens de bien, et cependant le nombre des partisans de don Carlos n'augmenta pas, leur ardeur s'éteignit au contraire. Si jamais le prétendant eût eu des chances sérieuses de succès, ce devait être assurément alors que les ordres du gouvernement de la Reine n'étaient point obéis au delà des portes de Madrid. S'il eût jamais dû parvenir dans la capitale, c'était alors que les provinces se séparaient d'elle et perdaient la force de l'union, de l'unité gouvernementale. Des mouvemens insurrectionnels sans portée, sans ensemble, dans la Catalogne et l'Arragon, des bandes sans ordre et sans discipline, poursuivies et bientôt détruites ou dispersées, voilà toute la réaction carliste, produite par des événemens qui paraissaient devoir amener le triomphe de don Carlos.

L'organisation de Zumalacarréguy lui a survécu, mais personne ne l'a remplacé. En l'absence d'une volonté assez forte pour les contenir, les prétentions rivales, les intrigues ont détruit l'harmonie entre les chefs ; la désunion des chefs, les privations ont détruit la discipline et la confiance parmi les soldats. Ils ne se battent plus avec la même énergie. La population des provinces insurgées est fatiguée d'une guerre ruineuse et sans résultat. L'esprit provincial, qui n'a, du reste, jamais eu la force qu'on lui a prêtée dans cette lutte, est détruit par l'influence de la *Camarilla d'Oñate.* La cour et l'armée du prétendant offrent une foule d'intrigans, pas un homme capable de réveiller l'enthousiasme carliste, car il est mort. Don Carlos est l'homme le plus nul d'un parti nul. Ses généraux, infirmes ou sans talens, sont tous incapables, hors un seul, auquel échoira bientôt sans doute le commandement, mais il ne cherche qu'un moyen honnête de poser les armes. Il les rendrait aux Français sur-le-champ, parce qu'il ne s'est pas engagé à combattre la France ; à la Reine le plus tard possible, parce qu'il la voit dominée par un parti qui ne lui offrirait aucune garantie ; aux anarchistes par la seule force.

On aurait très grand tort d'attacher une grande importance à la prise de *Balmaseda* et de *Mercadillo*, à celle de *Plencia,* à celle même de *Lequeïtio,* si les carlistes s'en emparent. Ce sont des bicoques sans valeur ni pour les uns ni pour les autres. La prise de *Bilbao* serait un fait qui pourrait changer l'état des choses, il n'est pas probable ; mais malgré les autres avantages, les soldats carlistes n'en sont pas moins obligés de voler pour vivre, et les officiers n'en sont pas moins obligés de les laisser faire quand ils ne font pas comme eux.

Des faits irrécusables témoignent de l'affaiblissement de la cause carliste. Il n'y avait peut-être pas un seul exemple de désertion avant la mort de Zumalacarréguy, il y en a des centaines depuis quelques mois; non seulement de nouvelles provinces ne se sont pas soulevées en faveur de don Carlos, mais les vallées *d'Ahescoa*, de *Salazao*, de *Roncal* se sont soulevées contre lui; la vallée *d'Erro* a suivi cet exemple, le *Bastan* s'y prépare, et tout le berceau de l'insurrection sera très prochainement prononcé contre elle. Enfin l'armée de la Reine avait laissé s'organiser l'armée carliste, qui avait fini par la battre; et l'armée victorieuse carliste a laissé relever le moral de l'armée christine, et ne tient plus devant elle que dans ses bulletins mensongers.

Ce changement de rôle des armées ennemies s'explique, même en dehors des causes générales, par la coïncidence de la mort de Zumalacarréguy et de la nomination de Cordova au commandement de l'armée de la Reine. Une grande bravoure, un caractère ferme sans dureté, sa prévoyance et ses efforts pour le bien-être des troupes lui ont attiré l'amour du soldat qui lui a donné les moyens de rétablir la discipline, et de maintenir la fidélité de l'armée contre l'esprit révolutionnaire. Ceux qui s'étonneraient que dans cet état l'armée de la Reine

ne puisse écraser l'insurrection, se montreraient
mal instruits du fond des choses.

M. Mendizabal a rendu un service éminent à son
pays, mais il est fort à craindre que ce service soit
momentané; il a fait faire halte à l'anarchie, mais
il ne l'a pas étouffée. Plein d'esprit et de bonnes
intentions, on lui reproche une confiance extrême
et quelque légèreté. Il a promis plus qu'il ne pouvait tenir ; ses *cent mille hommes* n'ont pas jusqu'ici
produit un soldat : trente mille recrues sans habits,
sans armes, ne méritent certainement pas ce nom.
Sa légion britannique n'a jamais présenté trois mille
hommes, qui ont besoin, pour se garder, des troupes
espagnoles; elle s'éteint par l'intempérance, elle
meurt sans avoir combattu. Son intervention por-
tugaise s'est réduite à trois mille hommes sur la
frontière de la Galice, et trois mille hommes à *Rey-*
nosa qui n'ont pas encore vu les insurgés. Les armées de *réserve* et *d'opérations* comptent un effec-
tif de soixante mille hommes, mais répartis dans
neuf provinces et sur une ligne énorme de *Bilbao*
à *Vittoria*, *Logrono*, *Pampelune*, *la Frontière* de
France, et, lorsqu'en dégarnissant plusieurs points,
on réunit quinze ou vingt mille hommes, il faut
les renvoyer au bout de quelques jours, faute de
subsistances. Nulle part de magasins, d'approvi-
sionnemens, de transports, d'ambulances; les
vivres au jour le jour, la solde arriérée; une ad-

ministration inhabile, ou plutôt absence d'admi-
nistration ; des officiers en général ignorans, des
chefs pour la plupart sans courage ou sans la
moindre capacité ; voilà, quoi qu'en puissent dire
les gazettes espagnoles, quel est l'état de l'armée de
la Reine. Y voit-on des élémens de succès ?

Mais dira-t-on peut-être, un des adversaires
doit vaincre !

Voilà l'erreur, voilà la source de toutes les er-
reurs sur les affaires d'Espagne.

Non ! ni don Carlos ni la Reine ne peuvent vaincre. Ce n'est point entre eux qu'il faut choisir, ce
n'est même pas entre l'un deux et l'anarchie,
c'est entre l'intervention et l'anarchie en Espagne
qu'est la seule alternative. Et le doute ne saurait se
prolonger long-temps, car il se prépare une as-
semblée constituante forcément dominée par le
principe démocratique de la constitution de 1812,
le Dieu inconnu des passions populaires.

Les anarchistes seuls des deux pays ont intérêt
à combattre l'intervention, ils sont seuls consé-
quens dans cette opinion. Car don Carlos ne peut
régner, la république est impossible, et si l'armée
de la Reine pouvait soumettre ou tuer le dernier
carliste, elle trouverait immédiatement devant elle
un ennemi plus redoutable à vaincre, pour rester
fidèle à ses sermens ; elle ne voudrait ou ne pourrait le combattre. Animée aujourd'hui d'un très

bon esprit, elle peut le perdre au premier moment, et devenir aussitôt le jouet ou l'instrument des ré-volutionnaires. On peut s'attendre dès lors à voir les exaltés d'autrefois, les hommes du pouvoir d'aujourd'hui rejetés à leur tour comme modérés et la monarchie détruite ou seulement nominale. Les partis, les individus, les institutions, tout est faible en Espagne; aucune masse d'opinions, aucun étendard autour duquel elles puissent se grouper, aucun chef capable de les diriger; le frein religieux déjà brisé, avec l'ignorance, l'exaltation, la misère de ce pays; d'après les exemples nombreux et ré-cens des excès où s'y porte la populace, cruelle partout, féroce en Espagne, on peut se faire une idée du prochain avenir préparé à cette nation par l'abandon de ses alliés (1).

Il en serait tout autrement avec *l'intervention.* C'est-là le mot effrayant que l'on veut avant tout éviter. Je dis le *mot,* car pour la chose elle exista

______

(1) Comment la populace ne serait-elle pas féroce en Espagne, quand elle reçoit l'exemple d'en haut? — Les derniers journaux de Sarragosse rapportent que le général *Nogueras* ayant écrit au gouverneur de Tortose, où se trouvait la mère du chef de bande carliste *Cabrera,* qu'il lui paraissait convenable de faire porter à cette femme la peine du mal fait par son fils au parti de la reine, le gouverneur lui répond, que se trouvant sous les ordres du capitaine-général de la Catalogne, il n'a pu satisfaire de lui-même à sa juste réclamation; mais qu'il a pris les ordres de son chef, et que le brave général Mina ayant reconnu la justice de cette mesure, *la mère de*

de tout temps, elle existera toujours, quelque nom qu'on lui donne. *L'alliance*, en effet, implique l'intervention, ou ne signifie absolument rien. La *non-intervention* est un *non-sens* heureusement mis en avant dans une circonstance où l'on avait besoin de colorer la *volonté* de la révolution de juillet. Mais Ancône, les deux expéditions de Belgique, et l'Espagne même donnent le démenti le plus éclatant à ce prétendu principe.

Il y a diverses manières d'intervenir, et divers intérêts peuvent pousser à une intervention. Dans

---

Cabrera a été fusillée! La gazette d'*Oñate* ajoute : ses sœurs et ses parens.

Cabrera a, par représailles, publié une proclamation dans laquelle on lit :

« Art. 2. En conséquence de la présente déclaration, tous les individus qui seront pris seront fusillés.

« Art. 3. *Seront immédiatement fusillées en représailles de l'assassinat de mon innocente mère, la femme du colonel don Manuel Fontileras, commandant d'armes de Chelva ; les senoras Cinta Tos, Mariana Guardia, Francisca Urquesa, et trente autres qui sont plus bas dénommées auront le même sort pour expier le supplice de la plus digne et de la meilleure des mères.*

» Art. 4 Désormais je continuerai à venger de la même manière et sans rémission la mort de chaque victime sur les familles des chefs qui commettront de semblables actes. »

Ainsi donc, comme le dit un journal, la guerre va prendre un caractère de barbarie inconnu parmi les tribus les plus sauvages de l'Amérique.

le cas dont il s'agit , c'est l'intérêt national français qui demande une intervention armée en Espagne. C'est l'intérêt national évidemment dégagé de tout autre, car l'intérêt dynastique y est au fond très opposé, comme celui des deux partis extrêmes qui le combattent.

On a traité de puérile , de jésuitique la différence établie entre l'*intervention* et la *coopération* , entre l'*intervention auxiliaire* et l'*intervention directe*. Ce reproche est juste , mais il est impossible de ne pas reconnaître des interventions de nature diverse , bien qu'également armées. Intervenir en faveur du gouvernement existant, reconnu par l'immense majorité de la nation , est certainement une chose différente de l'intervention pour rétablir un gouvernement déchu. Intervenir en courant , en sillonnant de troupes la surface du pays, en l'occupant plusieurs années, en lui dictant une forme de gouvernement, est une chose différente d'une expédition comme celle de Morée ou celles de Belgique.

Et comment des choses si différentes, bien qu'elles aient le même nom, pourraient-elles produire des effets semblables? La guerre de 1808, l'intervention de 1823, et celle qui devrait avoir lieu en 1836, en Espagne, n'auraient pas plus d'analogie dans leurs résultats que dans leur principe

En 1808 on voulait conquérir, l'Espagne fut unanime contre nous.

En 1823, il s'agissait de rétablir Ferdinand détrôné par le fait. Nous eûmes contre nous les révolutionnaires, et pour nous, non seulement les partisans de l'absolutisme, mais surtout les amis de l'ordre fatigués des excès révolutionnaires.

On s'est beaucoup plaint que l'intervention de 1823 n'ait point terminé la révolution d'Espagne; mais elle ne le pouvait évidemment, puisqu'elle n'exigeait pas, et qu'il était contraire à son principe d'exiger un établissement constitutionnel, seul moyen d'assurer le repos de l'Espagne.

En 1836, nous irions soutenir le trône constitutionnel d'une reine enfant; nous irions consolider le pouvoir aux mains de ceux qui l'occupent et qui passent encore pour les hommes les plus libéraux de l'Espagne. Forts de notre appui, ils pourraient facilement contenir les anarchistes qui les pressent. Notre intervention réelle contre les carlistes agirait moralement contre les révolutionnaires sans limite; car il ne serait point nécessaire d'entrer, pour ainsi dire, en Espagne. Une apparition de l'armée française dans les provinces insurgées suffirait pour les rendre à la reine. L'armée espagnole, délivrée de l'abominable guerre qui la dévore sans utilité, resterait sans aucun doute dévouée, et pourrait être rapidement organisée sur un pied qui mettrait le gouvernement à l'abri de toute inquiétude pour l'avenir. La démagogie serait contenue par l'intervention, qui lui ôterait par l'extinction du carlisme tout prétexte de soulèvement. Car il faut remarquer que tous les mouvemens de Madrid et des grandes villes eurent lieu par suite des mauvaises nouvelles de l'armée, et que ces mouvemens réagissant sur l'opinion, augmentaient jusques aux derniers temps les forces carlistes, ou du moins diminuaient le nombre des ennemis du prétendant. Les anarchistes ne tenteraient plus de troubler la tranquillité publique, bien sûrs que la France étendrait jusque sur eux au besoin sa main puissante. La chambre constituante, délivrée des exigences révolutionnaires, serait contenue par les mêmes causes dans les bornes de la modération.

L'Espagne serait sauvée; il nous reste à savoir à quel prix.

L'armée carliste est depuis long-temps fatiguée de la guerre et des privations. Les soldats déserteraient en masse, si l'armée de la reine avait quelque grand succès. Les coryphées du parti le savent bien, et mettent tout leur savoir à éviter les affaires décisives, à tromper leurs partisans sur la situation des choses. Les officiers, les chefs surtout, ne veulent se soumettre qu'à la dernière extrémité, parce qu'ils sont les plus compromis, et qu'ils ne comptent pas sur les promesses d'un gouvernement dominé par l'esprit révolutionnaire et destiné à devenir sa proie. Le point d'honneur en retient quelques-uns près de don Carlos, mais si *dix mille* Français passaient la Bidassoa, si le gouvernement français déclarait hautement qu'il *veut* la fin de cette guerre, elle serait finie. Don Carlos lui-même est las de son rôle de guerrier; ceux qui l'entourent chercheraient avec empressement à faire les meilleures conditions possibles, avec la garantie de la France. Il ne faudrait vraisemblablement pas tirer un coup de fusil; mais en supposant, contre toute probabilité, que les carlistes voulussent attendre une fois nos têtes de colonnes, on peut être bien sûr qu'une seule leçon suffirait. Il ne faut pas perdre de vue que les troupes de la reine garnissent la circonférence du cercle où se trouvent renfermés les carlistes, et que cette circonférence serait retrécie dès notre entrée sur le territoire espagnol; les insurgés, même en leur supposant l'envie de se défendre, ayant bien assez à faire contre nous.

Il n'est guère possible de supposer que, dans le cas le plus défavorable, l'expédition dût se prolonger deux mois, ni qu'il fallût plus de douze ou quinze mille hommes, si le projet en était hautement avoué, pour être exécuté dès les premiers beaux jours.

Mais si le gouvernement hésite plus long-temps, on peut, sans se targuer du don de la prophétie, prédire ce qui se passera très prochainement en Espagne :

Les nominations des Procuradorès seront en majorité aux exaltés ;

MM. Mendizabal, Isturitz, Arguelles, Galiano seront entraînés ou dépassés ;

Les Cortès seront poussées ou se placeront à la tête du mouvement démagogique ;

Le général Cordova quittera le commandement de l'armée, ou en sera chassé ;

Les juntes reprendront leurs pouvoirs, mais franchement révolutionnaires cette fois et pures de modération.

Et lorsque les conséquences de ces faits, dans quelque ordre qu'ils arrivent, auront porté leurs fruits, on songera peut-être alors à l'intervention et l'on retombera dans les conditions onéreuses, dans la fausse position de l'intervention de 1823; on songera certainement à l'intervention, parce que l'Espagne tranquille et constitutionnelle apporte une force imposante à la France, son alliée naturelle, et que l'Espagne en proie à l'anarchie lui ferme un grand débouché de commerce, exige

la présence continuelle d'une armée sur la frontière.

Jamais peut-être question politique ne fut plus
claire ; il n'y en eut peut-être jamais de plus mal
jugée. Les juges ont les pièces du procès, mais, soit
négligence ou préoccupation, ils ne se donnent
pas la peine de l'examiner. C'est à l'opinion publique, et dans l'intérêt général, que l'auteur croit
devoir en appeler , bien qu'en prenant cette voie,
il se prive d'argumens auxquels il serait difficile de
répondre : par exemple, la *preuve* que les hommes
les plus intéressés à la continuation de la guerre ,
les seuls hommes de quelque valeur des deux partis, des deux armées, *désirent* l'intervention ; que
le gouvernement anglais est loin de s'y opposer ;
et quelques autres qu'il lui est même interdit de
faire entendre.

PARIS. — IMPRIMERIE DE BOURGOGNE ET MARTINET
rue du Colombier 30.

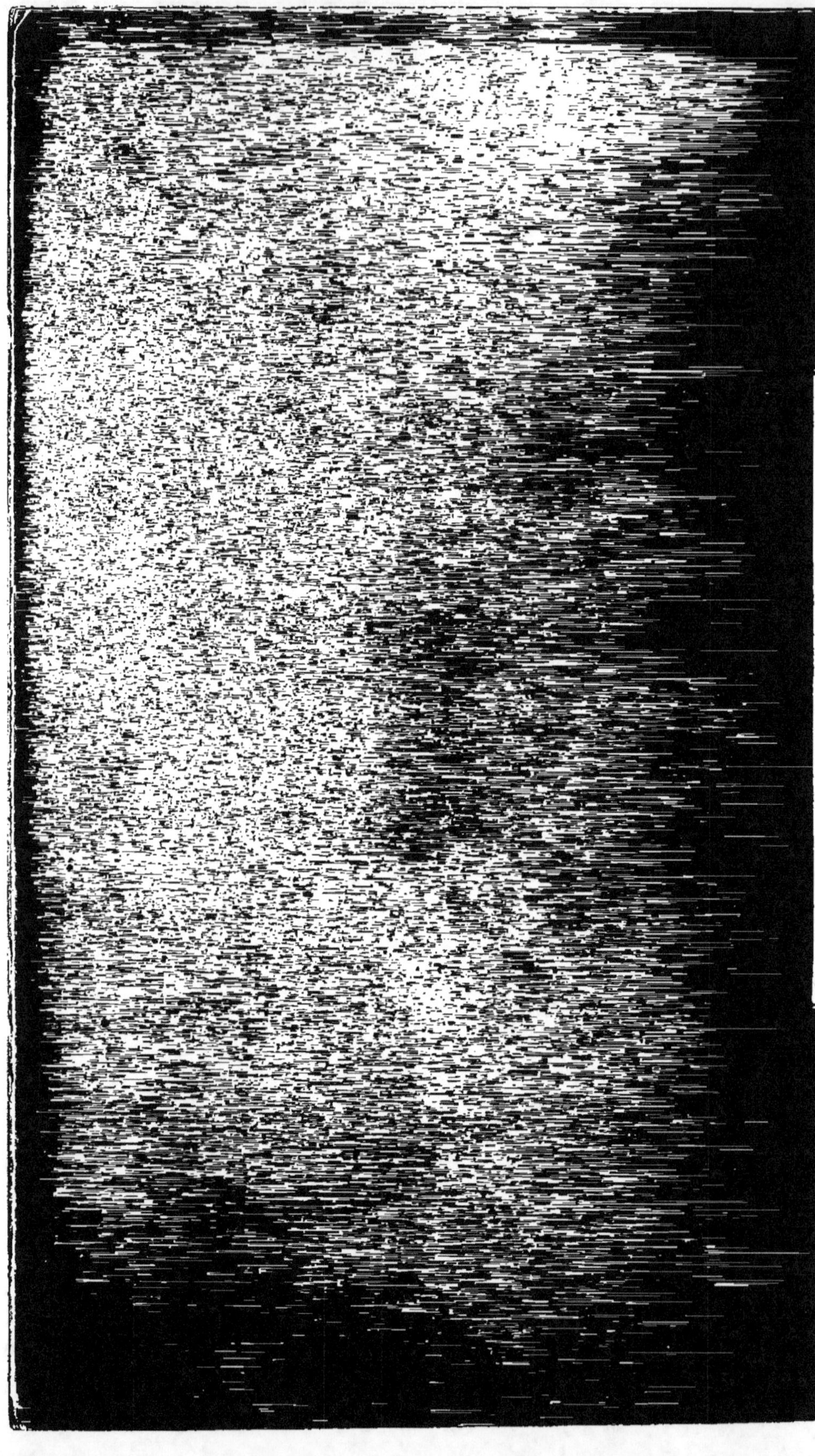